जीवन के सुंदर रंग

अनिशा जैन (अन्नू)

Anisha Jain

BookLeaf Publishing

India | USA | UK

Made with ❤ on the BookLeaf Publishing Platform
www.bookleafpub.in
www.bookleafpub.com

Dedication

मैं ये पुस्तक मेरे आराध्य प्रभु श्री राम और उनके दिव्य राम दरबार को समर्पित करती हूँ।

श्री राम की ये भक्त **“जीवन के हर सुंदर रंग”** में श्री राम और उनके परिवार का प्रतिबिंब देखती है।

सभी भक्तों को **“जय सियाराम जय हनुमान”**

अनिशा जैन “अन्नू”(Anisha जैन)

Preface

ये काव्य संग्रह मेरी आत्मा की करुण पुकार है
इसके हर शब्द में सजा सियाराम का दिव्य श्रृंगार है
एक भक्त ने लिखा ये काव्य संदेश
इसमें छुपी मेरी श्री राम के प्रति प्रेम भक्ति विशेष...

हर कण क्षण में मुझे दिखे राम
हर भाषा हर क्षेत्र राम का परिणाम
राम "अनिशा" की सबसे सुंदर कल्पना
सियाराम जिंदगी के धरातल पर प्यारी सी अल्पना...

हर इतिहास हर भूगोल कहाँ नहीं राम
राम से शुरू राम पर अंत जीवन का हर संग्राम
जब मन को जीत लिया तो राम दरस दे जाएँगे
कोई आए ना आए मेरे राम अवश्य आयेंगे...

स्वरचित पंक्तियाँ
24/01/2026
©- अनिशा जैन(Anisha Jain)

Acknowledgements

किसी भी कार्य की पूर्णता केवल व्यक्तिगत प्रयास नहीं, बल्कि ईश्वर की कृपा और अपनों के विश्वास का परिणाम होती है।

सर्वप्रथम, मैं अपने आराध्य प्रभु श्री राम और माता जानकी के चरणों में कोटि-कोटि नमन करती हूँ। उन्हीं की प्रेरणा और कृपा से मेरे हृदय के भाव शब्दों का रूप ले सके। यह काव्य संग्रह मेरा नहीं, बल्कि उन्हीं का दिया हुआ प्रसाद है।

मैं अपने माता-पिता और परिवार के प्रति कृतज्ञ हूँ, जिनके निरंतर सहयोग और प्रोत्साहन ने मुझे इस मुकाम तक पहुँचाया।

मैं उन सभी गुरुजनों और साहित्यानुरागियों का धन्यवाद करती हूँ, जिन्होंने मेरी कविताओं में सुधार किया और मुझे बेहतर लिखने के लिए प्रोत्साहित किया।

मेरे वे मित्र, जिन्होंने इन कविताओं को सबसे पहले सुना और अपनी सकारात्मक प्रतिक्रियाओं से मेरा उत्साह बढ़ाया, वे भी इस सफलता के बराबर के भागीदार हैंअंत में, मैं आप सभी पाठकों का आभार व्यक्त करती हूँ। आपकी रुचि और प्रेम ही एक लेखक की सबसे बड़ी पूंजी है। आशा है कि “जीवन के सुन्दर रंग” आपके अंतर्मन को छुएँगे।

एक विशेष धन्यवाद Bookleaf Publishing की टीम को, जिन्होंने मेरी रचनाओं पर विश्वास दिखाया और इस पुस्तक के प्रकाशन की प्रक्रिया को सहज और सुखद बनाया। आपकी टीम के पेशेवर मार्गदर्शन के बिना यह सपना साकार होना कठिन था।

अंत में, मैं उन सभी मित्रों और शुभचिंतकों का आभार मानती हूँ जिन्होंने हर मोड़ पर मेरा उत्साहवर्धन किया।

1. कितना सुंदर है बाज़ीराव मस्तानी काशीबाई का प्यारा रिश्ता

राजा छत्रसाल की प्यारी
माता रूहानी की राजदूलारी।
दो दिलों के प्रेम की ये कहानी
बाज़ीराव के दिल में बसती थी मस्तानी।

बाज़ीराव ने राजा छात्रसाल को दुश्मनों से बचाया
बाज़ीराव के लिए प्रेम भाव मस्तानी के दिल मेंआया।
दिल में उसकी गूँजी प्रेम की निर्मल वाणी।
बाज़ीराव के दिल में बसती थी मस्तानी।

होली का आया प्रेम भरा त्योहार
मस्तानी ने पायी विवाह स्वरूप बाज़ीराव की कटार।
बाज़ीराव के लिए ये रस्म थी अनजानी
बाज़ीराव के दिल में बसती थी मस्तानी।

मस्तानी आयी बाज़ीराव के अंगना
इच्छा थी मन में पहने बाज़ीराव के नाम का कंगना।
मस्तानी के प्रेम की फ़रियाद थी बाज़ीराव ने मानी
बाज़ीराव के दिल में बसती थी मस्तानी।

काशीबाई थी बाज़ीराव की पहली रानी
तो थी रुक्मिनी जैसी तो मस्तानी राधारानी
दोनों ही थी बाज़ीराव के दिल की ठकुरानी
बाज़ीराव के दिल में बसती थी मस्तानी।

राजमाता ने मस्तानी को ठुकराया
पुणे के राजघराने ने मस्तानी को ना अपनाया।
अपनों ने ही दोनों को जुदा करने की ठानी
बाज़ीराव के दिल में बसती थी मस्तानी।

दोनों के घर जन्मा एक राजकुमार
सजाया उसने दोनों का प्यारा संसार।
शमशेर बहादुर था उनके प्रेम की निशानी
बाज़ीराव के दिल में बसती थी मस्तानी।

बाज़ीराव गए जब जंग पर
प्रेम के विरुद्ध हुआ षड्यंत्र भयंकर।
पुणे में क़ैद करी गयी मस्तानी
बाज़ीराव के दिल में बसती थी मस्तानी।

मस्तानी की क़ैद का जब संदेशा पाया
बहुत बीमार हो गए बाज़ीराव राया।
मौत हुई दोनों की गगन में मिलन हुआ रूहानी
बाज़ीराव के दिल में बसती थी मस्तानी।

दोनों इश्क़ पर हुए क़ुर्बान

प्रेम जगत में अमर है इनका नाम।
इनकी प्रेम कथा का कोई नहीं है सानी
बाज़ीराव के दिल में बसती थी मस्तानी।

-अनिशा जैन(Anisha Jain)

2. प्रतीक्षा

प्रतिक्षा
स्थिर तन चंचल मन,
अडिग प्रतिक्षा की लगन;
शम्भू जैसे पाने को गौरा संग,

आक के पत्तों से जैसे हो प्रजनन,
सजनी संग ज्यों सुंदर लगे साजनः
राम की “अनिशा” जोगन से बनने चली दुल्हन,

मन बेलगाम चाहे सिर्फ़ राम
हाथ काँप रहे सिया महारानी लो तुम थाम
कब तक तरसेंगे हम ,आ जाओ “अनिशा” के राम

स्वरचित कविता
22/01/2026
-अनिशा जैन

3. राम सीता का दिव्य प्रेम

राम पुष्प सीता सुगन्ध है
राम परिणय सीता पवित्र संबंध है...
राम राम कह रही मेरी वाणी
राम की महिमा जाए ना बखानी...

श्वासें जप रही राम नाम की माला
राम मन सीता मन का उजाला...
राम राम कह नैनों से झर रहा पानी
राम धुन की "अनिशा" दीवानी...

राम नैना सीता दृश्य है
राम मंच सीता परिदृश्य है...
राम राम कह खूबसूरत हुई ज़िंदगानी
राम शरण में ज़िन्दगी बितानी...

राम पूजन सीता आशीर्वाद है
राम यज्ञ सीता प्रसाद है...
राम राम कह मिटी मन की ग्लानि
राम सी सुंदर है सियाराम की कहानी...

राम लक्ष्य सीता पुरुषार्थ है
राम काव्य सीता भावार्थ है...
राम राम कह हर बंधन से मुक्ति मिल जानी
सियाराम से ही तो सदा मुझे सच्ची प्रीत निभानी...

स्वरचित कविता
05/09/2025

4. मेरी ख्वाहिशें

कुछ तमन्नाएँ दिल के कोने में ठहरी हुई है
ज़िंदगी जीने की ख़्वाहिश थोड़ी और गहरी हुई है...
दिल के ज़ख़्म अब मरहम बन गए है
कभी लड़ते थे हम जिनसे वो अब सनम बन गए है...

मेरी भटकती ज़िंदगी में ठहराव आ गया
ज़िंदगी जीने के अन्दाज़ में सुंदर बदलाव आ गया...
जिनकी सूरत से चिढ़ते थे अब उनके दीदार को तरसते है
दिल में मोहब्बत के जज़्बात बादल बन बरसते है...

शब्द जो गले में ठहरे थे अब कविता बन काग़ज़ पर बिखरते है
मुरझाए से थे हम ग़म से,अब फूल पर निखरते है...
चेहरे पर आयी लाली मन की आरज़ुओं की नुमाइश करती है
अपने प्रियतम का साथ पाने की "अनिशा" ख़्वाहिश करती है...

स्वरचित कविता
11/09/2025

5. अनिशा की कविताओं का दर्पण राम

कैकेई माँ के अश्रुजल से लेकर
सरयू नदी के जल तक का सफ़र राम...
दशरथ की पीड़ा और विवशता से लेकर
कौशल्या, सुमित्रा के संस्कारों तक का असर राम...

मांडवी की तपस्या से लेकर
चित्रकूट के भरत प्रेम तक का मिलाप राम...
उर्मिला के बंधे अश्रुओं से लेकर
लक्ष्मण की सेवा और त्याग तक का ताप राम...

शत्रुघ्न के चौदह वर्षों के धैर्य से लेकर
श्रुतकीर्ति के समर्पण तक का फल राम...
सीता से प्रथम मिलन से लेकर
सिया संग वनवास तक के मधुर पल राम...

हनुमान के सूर्य निगलने से लेकर
हनुमान द्वारा सूर्यवंशी लक्ष्मण के प्राणों का बचाव राम...
बाली के मोक्षधाम से लेकर
रावण की सभा तक अंगद का प्रभाव राम...

रावण और दैत्य वंशों की मुक्ति से लेकर
विभीषण के सत्य तक का समर्पण राम...
लव कुश के पिता से लेकर
“अनिशा” की कविताओं तक का दर्पण राम...

स्वरचित कविता
06/09/2025

6. श्रीमद्भगवद गीता को प्रणाम करे "अनिशा"

श्रीमद्भगवद गीता को प्रणाम करे "अनिशा"

आधी रात को पधारे श्याम
सबके मन का अंधेरा दूर किए घनश्याम...
रणभूमि मध्य जब सुनायी प्रभु ने गीता
हारे हुए भक्तों ने अपने मन को जीता...

अर्जुन के हृदय में जो संग्राम थे जारी
जगद्गुरु बन उस युद्ध को जितवाए गिरधारी...
विश्व भी जूझ रहा था उलझनों के रण से
सब तृप्त हुए कान्हा ने सुनायी गीता जिस क्षण से...

कुरुक्षेत्र से भी जटिल था मन में चल रहा युद्ध
गीता के ज्ञान ने किया सभी की आत्मा को शुद्ध...
हर प्रश्न के उत्तर दिए कान्हा ने गीता के श्लोक में
श्रीमद्भगवदगीता पूजी जाती तीनों लोक में...

भगवान ने 700 श्लोक कहे 18 है अध्याय
गीता बदल देती सबके जीवन का पर्याय...

जब श्री कृष्ण ने विश्वरूप किया धारण
दिव्य दर्शन से सारी सृष्टि के कष्टों का हुआ निवारण...

जब भी ज़िंदगी तुम्हें दोराहा दिखाए
गीता बन पथप्रदर्शक मन की गाँठें खोलना सिखाए...
भटके हुए मनुष्यों को गीता बताए सही दिशा
श्री कृष्ण के मुख से निकली गीता को प्रणाम करे “अनिशा”...

स्वरचित कविता
18/12/2025

7. हनुमान भक्त है और भगवान भी

हनुमान भक्त है और भगवान भी
दैत्यों के काल और प्रभु दयानिधान भी...
सूर्य के शिष्य और इनके आराध्य सूर्यवंशी राम भी
लघु रूप रखते और यही अतुलित बल के धाम भी...

ये निरंतर भजते सियाराम और इन्हें जपते रघुनंदन भी
ये राम चरणों के दास और राम नाम का सिंदूरी अभिनंदन भी...
हनुमान पवनपुत्र और यही केसरीनन्दन भी
सभी देव इन्हें देते वरदान और इन्हें करते वंदन भी...

हनुमान कलियुग में वंदनीय और इन्हें नमन करे युगत्रेता भी
बजरंगबली लव कुश से हार जाते और यही विश्वविजेता भी...
प्रभु संजीवनी से बचाए प्राण और गदा से करे असुरों का अंत भी
हनुमान को प्रिय दैत्यवंशी विभीषण और इन्हें पूजते साधु संत भी...

भक्त शिरोमणि पवनसुत ही मंजिल यही जीवन की दिशा भी
हनुमान जी की अनन्य भक्ति की अभिलाषी "अनिशा" भी...
अष्ट सिद्धियों के दाता ये और यही देते नवनिधियों का दान भी
भक्तों का हर संकट हरते संकटमोचन श्री हनुमान ही...

स्वरचित कविता
16/12/2025

8. भक्ति का बीज बन अंकुरित होते राम

भक्ति का बीज बन अंकुरित होते राम
आशीर्वाद का कमल बन प्रस्फुटित होते राम...
प्रेम की गंगा बन पल्लवित राम
मंदिर के दीपक की ज्योति बन प्रज्ज्वलित राम...

"अनिशा" के कलम की स्याही राम
मेरे निर्मल प्रेम की गवाही राम...
जीवन के सफ़र में हमराही राम
इस जगत में दिलाते वाहवाही राम...

108 नाम का पवित्र जाप राम
पापों से मुक्ति दिला बनाते निष्पाप राम...
इस शरीर की हर नस में होता रक्तचाप राम
मेरी कविताओं में हर पल मुस्कुराते हुए करते वार्तालाप राम...

प्राणों को ऊर्जा देती श्वास राम
मन का अटल विश्वास राम...
हर क्षण रहे हृदय के पास राम
उदासीन जीवन में लाए हर्षोल्लास राम...

अशांत मन को शांत करते राम
मर्यादा का सुंदर सिद्धांत राम...
वेदों का सार लिए वेदांत राम
रामायण के प्रसंगों का अतुलनीय वृतांत राम...

स्वरचित कविता
17/12/2025
©-अनिशा जैन(Anisha Jain)

9. लेखन जगत का सबसे सुंदर साहित्य "रामायण"

लेखन जगत का सबसे सुंदर साहित्य "रामायण"
राम सिया रूप में प्रगटे लक्ष्मी नारायण...
मानवीय मूल्यों का सर्वश्रेष्ठ उदाहरण
रामायण पथप्रदर्शक नहीं कोई ग्रंथ साधारण...

रामायण भारतीय संस्कृति का चैतन्य स्वरूप
कंपकंपाती ठंड में रामायण लगे जैसे नर्म धूप...
रामायण पढ़ मानव जीत लेता मन के सारे संग्राम
शांत हृदय में ही तो विराजित होते सिया संग श्री राम...

भगवान और भक्ति का ये संबंध सुंदरतम
रामायण जागृत करती जीवन में अध्यात्म...
भक्त की पुकार पर राम दौड़े चले आते है
पतितों का उद्धार कर उन्हें गले लगाते है...

राम मुस्कुराते तो हमारे अधरों पर भी बिखरती मुस्कान
राम बिना ये जीवन लगेगा जैसे मृत्यु समान...
दशरथ कौशल्या के यहाँ प्रभु बाल लीला दिखाते है
वनवास देने वाली माँ कैकेयी का भी राघव आदर करना सिखाते है...

राम सेवा में माँ सुमित्रा लक्ष्मण जी को भेज देती है
राम की सुधियाँ गुरु माँ अरुंधती अपने हृदय में सहेज लेती है...
रामायण भटके हुए मार्ग में दिखाती सही दिशा
"सियाराम" नाम जाप में लीन रहे उनकी तुच्छ भक्त "अनिशा"...

स्वरचित कविता
15/12/2025

10. "अनिशा" हृदय से करे भोलेनाथ तुम्हारा आभार...

हे नाथों के नाथ
कृपा करो प्रभु भोलेनाथ!!
सिर पर रख दो हाथ
सदा रहना प्रभु हमारे साथ...

संकटों को हरता तुम्हारा नाम
शंकर तुम बनाते सबके बिगड़े काम...
तुम कृपा बरसाते अविराम
तुम्हें हर क्षण भजते स्वयं अवधपति श्री राम...

इस संसार का तुम ही हो सार
तुम्हारे शीश से बहती गंगा की पावन धार...
अपने भक्तों का तुम सदैव करते उद्धार
"अनिशा" हृदय से करे प्रभु तुम्हारा आभार...

तुम्हारी महिमा अनंत है शम्भू कैलाशी
सारा संसार क्षणभंगुर तुम हो अविनाशी...
तुम साक्षात विराजते कण कण में क्या उज्जैयनी क्या काशी
शिव शम्भू!!ये अँखियाँ तेरे दरस की अभिलाषी...

स्वरचित कविता

09/12/2025

11. राम ही "अनिशा" की कविताओं का अलंकार

राम की सत्ता तीनों लोक में
राम को ध्याते हम हर पूजन श्लोक में...
राम का हम सुमिरन करे हर परिस्थिति में
राम ही सहारा बने दुख की मनोस्थिति में...

राम लिखते भाग्य का लेखा
राम कभी नहीं करते कर्मों को अनदेखा...
राम अपने भक्तों के कष्टों में स्वयं अश्रु बहाते है...
राम तारणहार यों ही नहीं भक्तवत्सल कहाते है...

राम उठाते जब भक्त ठोकर खाकर गिरते है
राम कभी अपने वचन से नहीं फिरते है...
राम नाम से सुंदर हुई मन की चितवन
राम से पल्लवित हमारे हृदय की उपवन...

राम को नमन करे देव गुरु बृहस्पति
राम का गुणगान करे ब्रह्मा सरस्वती...
राम को शिव सदा लाते अपने ध्यान में
राम नाम ही लेकर जाते जीव को मृत्यु बाद श्मशान में...

राम ही “अनिशा” की कविताओं का अलंकार
राम उजाला बन दूर करते मन का अंधकार...
राम ऊर्जा बन रोम रोम में बहते है
राम में लीन हो हम प्रेम से जय जय सियाराम कहते है...

स्वरचित कविता
06/12/2025

12. मनोकामना

मनोकामना

मैं चली मंदिर में
जो माँगने मनोकामना...
प्रार्थना स्वीकार हुई तुरंत
प्रियतम से हुआ जो सामना...

प्रेम के सुर्ख रंग में रंग गई
नज़रें मेरी प्रियतम के सजदे में झुक गई...
उन्होंने नाम जो पुकारा मेरा
हृदय की धड़कनें ही रुक गई...

क्या माँगती हो तुम भगवान से
जो रोज़ मंदिर आती हो...
उनके प्रश्न से होंठ सिल गए
कैसे कहूँ निश दिन तुम्हें ही ध्याती हूँ...

मेरी खामोशी देखकर
वो भी हौले से मुस्कुराने लगे...
मैंने भी तुम्हें ही मांगा अपनी दुआओं में “अनिशा”

तुम्हें पत्नी बनाने के अरमान हम मन में सजाने लगे...

चाहती थी हमसफ़र बन
सदा के लिए जिसका हाथ थामना...
दर्शन कर साथ चल रहे थे हम
आख़िर पूर्ण हुई मेरी मनोकामना...

स्वरचित कविता
01/12/2025
©-अनिशा जैन(Anisha Jain)

13. मेरा प्रतिबिंब

मेरा प्रतिबिंब

आज जब आईना देखा
तो मेरा अक्स ने पूछा “तुम कौन हो?”
सबके सामने हँसने वाली
मेरे सामने क्यों मौन हो?

सबके सामने खिलखिलाती
अपने ही अक्स के सामने क्यों मुरझायी हो?
सारी दुनिया को आँखें दिखाती
फिर अपने प्रतिबिम्ब से क्यों घबरायी हो?

हर समय परफेक्ट होने का दिखावा करती
तुम ख़ुद से नज़रें क्यों नहीं मिला रही हो?
हर समय फ़िल्टर की दुनिया में रहने लगी
तो अब क्यों स्वयं को झूठी उम्मीदें दिला रही हो?

सारी दुनिया को इम्प्रेस करने से पहले
ख़ुद से प्रभावित होना ज़रूरी है।
अपनी लेखनी पर कितने ही लाइक कमेंट बटोर लो

ख़ुद से प्रेम किए बिना तुम्हारी हर कविता अधूरी है।

अपने ही अक्स से ऐसे प्रश्न सुन
"अनिशा" बहुत हैरान थी।
गुम हो गई गहरी सोच में
क्या आईने वाली उदासीनता ही मेरी पहचान थी?

फिर हर फ़िक्र को भुलाकर
मैं सच में खुलकर खिलखिलायी।
आईना भी चमक उठा
जब मैंने गर्व से अपने प्रतिबिंब से नज़रें मिलायी।

स्वरचित कविता
30/11/2025

14. राधा कृष्ण जी का महान प्रेम

कान्हा को जाते देख
राधा कुछ ना कहती थी...
हृदय की पीर नैनों से
अश्रु धार बनकर बहती थी...

जो महारस नृत्य में झंकृत होती थी
आज ख़ामोश राधा की वो पायल थी...
जो कृष्ण जीवन का आधार है
उनके विछोह से राधा घायल थी...

कदंब की छाँव में भी
विरह अग्नि की ताप थी...
सदा चहकती रहती थी कान्हा के रंग में
आज वो राधा जी बिलकुल चुपचाप थी...

तभी कन्हैया ने राधा जी को धीरज बँधाया
प्रिय राधा तुम्हीं तो हमारे हृदय पटल पर विराजमान हो...
तुम प्रेरणा हो इस कृष्ण की हर लीला की
तुम प्रेम का प्रकाश पुंज बन मेरे जीवन को करती दीप्तिमान हो...

राधा जी अब थोड़ा मुस्कुरायी
पीड़ा की ताप अब वो ना सहती थी...
कृष्ण द्वारिका में रहते थे
राधा कृष्ण की स्मृतियों में प्रेम बनकर रहती थी...

राधा कृष्ण जी के दिव्य प्रेम को "अनिशा" करती प्रणाम
प्रेम जगत में अमर रहेंगे हमारे प्यारे राधा श्याम...

स्वरचित कविता
24/11/2025

15. संत श्री प्रमाणसागरजी

संत श्री प्रमाणसागरजी

जैन धर्म के है हीरे माणिक
बात करते सदेव प्रामाणिक ।
जन जन की शंकाओं का करते समाधान
ज्ञान का भण्डार है श्री संत प्रमाण ।

जब भी खीरी दिव्य देशना
दूर हुई हर मन की वेदना ।
त्यागमयी जीवन की दी प्रेरणा
जीवों के लिये रखते संवेदना ।

करुणा की गागर प्रेम के सागर
गुरुदेव है इनके श्री विद्यासागर ।
धर्म बचाओ आंदोलन के प्रवर्तक
सांथरा विधि को बताया सार्थक ।

गुरुवर ने किया सुंदर परिवर्तन
होता यहाँ हर पल धर्म का चिंतन ।
सम्मेद शिखरजी में बनाया धर्मायातन

नाम है जिसका पवित्र गुण।यातन ।

पर्वतों में श्रेष्ठ है महान सोनागिरी
मार्च अट्ठासी को यहाँ चरण धुलि पड़ी ।
महावीर जयंती पर साक्षी था अम्बर
धारण किया गुरुवर ने मुनिवेश दिगम्बर ।

शांत करे हर मन का करन्दन
तोड़ दिए सब अज्ञान के बंधन ।
सबको बांटा ज्ञान का चंदन
प्रमाणसागरजी के चरणो में "अनिशा" करे शत शत वंदन ।

स्वरचित कविता
17/01/2020
©- अनिशा जैन(Anisha Jain)

16. हे राधानागर जय मुरलीधर

हे राधानागर जय मुरलीधर
गायों के गवाले तुम दामोदर।
यशोदा के प्यारे नन्द के लाला
देवकी वसुदेव घर जन्मे परम कृपाला।

माखन चुरावे मुरली बजावे
गोपियों के तू हाथ ना आवे।
प्रभु माखनचोर गोपियों के चितचोर
मुकुट में धारे है पंखमोर।

पूतना को नाशन हारे
कालिया का मर्दन करने वाले।
कंस को निजधाम पहुँचाया
भक्तों को तुम मुक्त कराया।

सानदीपनी आश्रम जाकर
चौंसठ कलाओं की शिक्षा पाकर ।
विद्याधर बने जगदीश
द्वारका के राजा द्वारकाधीश।

व्यर्थ के जब बजाये गाल
अंत कीना दुष्ट शिशुपाल।
द्रौपदी की रक्षा प्रभु तुमने कीना
पर्दा ढका सती का जग में कीना।

प्रद्युमण के पिता और पालक
सारी सृष्टि के संचालक।
रुक्मिनी देवी तुम्हारी परिणीता
कर्म उपदेश दिया तुमने गीता।

नरकासुर के तारण हारे
सत्यभामा के नाथ प्यारे ।
तुलाभ्रम अपना करवाया
सत्यभामा का अहंकार मिटाया।

महाभारत तुमने ही रचाया
सच को जिताया झूठ हराया।
अर्जुन और सुदामा के मित्र
“अनिशा” के प्रभु तेरी हर लीला है विचित्र।

स्वरचित कविता
17/04/2020

17. महावीर स्वामी

महावीर स्वामी

वैशाली नगरी कुण्ड ग्राम
चैत्र त्रयोदशी को जन्मे सुखधाम
त्रिशला माँ के आँखों का तारा
सिद्धार्थ जी का राजदूलारा

सनमति वीर एवं अतिवीर
ऋज़ूपालिका नदी के तीर
जग को अज्ञानता से दिया अभयदान
स्वयं किया केवलज्ञान का रसपान

जीवन जीने का सिखाया तुमने मर्म
जगत को सूत्र दिया अहिंसा परमो धर्म
जीवों पर करुणा करना था तुम्हारा कर्म
पालन किया तुमने दिगम्बर व्रत का धर्म

सम्यक् चरित्र सम्यक् ज्ञान सम्यक् दर्शन
त्रय रत्नों से किया मुक्ति का पथ प्रदर्शन
पंच महाव्रत का करके पालन

जिन धर्म का किया संचालन

चंदनपुर में प्रगते परम कृपाला
सेवा में लगे धार्मिक गवाला
टीले में अतिशय दिखाए दीन दयाला
भक्तों के तुम हो प्रतिपाला

तुमने तारी सती चंदना
जब की उसने तुम्हारी वंदना
चंदनबाला ने प्रभु को दिया आहार
महावीर स्वामी आए जब सती के द्वार

कार्तिक अमावस्या को आए पावापुरी
मोक्ष गये स्वामी धन्य हुई नगरी
वर्धमान महावीर है प्यारा नाम
चरणों में करती "अनिशा" बारमबार प्रणाम

स्वरचित कविता
16/04/2020

18. अनिशा" के लिए हर कण में व्याप्त है प्रभु "श्री राम"

अनिशा" के लिए हर कण में व्याप्त है प्रभु "श्री राम"

जब नयनों से प्रसन्नता के अश्रु छलकने लगते है
जब हृदय में स्नेह भाव झलकने लगते है...
मन में जब पवित्र भावनाओं का वेग उमड़ता है
मस्तिष्क में जब एक ही विचार सावन का बादल बन घुमड़ता है...
तुम इन सभी भावों को देते “प्रेम” का नाम
मैं इन सभी भावों को कहती “श्री राम”...

जब उद्विग्न हृदय को सिर्फ़ एक नाम से राहत मिलती है
जब मन में हर पल इनके दरस की चाहत खिलती है...
रोम रोम पुलकित होता जब इनका नाम सुनता है
हृदय पल इनके सुंदर क़िस्से को कविताओं में बुनता है...
तुम इन सभी अहसासों को देते “भक्ति” का नाम
मेरे लिए ये सभी अहसास का शाश्वत स्वरूप है “श्री राम”...

इनके मुखमंडल में सौम्यता और शौर्य का संगम है
इनकी वाणी में सारे ब्रह्मांड के आशीर्वाद की सरगम है...
सूर्य की उष्मा और चंद्र की शीतलता का इनमें समावेश है

विशाल इनका ललाट इनके व्यक्तित्व में मर्यादा का संदेश है...
तुम इस विशालता को देते "विश्वरूप" का नाम
"अनिशा" के लिए हर कण में व्याप्त है हमारे प्यारे प्रभु "श्री राम"...

स्वरचित कविता
22/11/2025

19. तुम्हारी मोहब्बत पर हक़

तुम्हारी मोहब्बत पर हक़ जताने का भी
तुमने मुझे दिया कोई हक़ नहीं...
तुम्हें बेपनाह नफ़रत है मुझसे
इसमें कोई शक़ नहीं...

मेरा हृदय सिर्फ़ तेरे लिए धड़कता
लेकिन सारे अहसास एकतरफ़ा है...
तुम्हें तो मेरा ज़िक्र भी पसंद नहीं
तुम्हारी मोहब्बत ना जाने क्यों मुझसे ख़फ़ा है...

तुम्हारी तस्वीर को भी
निहारने का मुझे अधिकार नहीं
मैं कितना भी तुम्हें चाहूँ,
तुम्हें मेरा प्रेम स्वीकार नहीं...

तुम जब मेरा नाम लेते,
तुम्हारी आवाज़ में सिर्फ़ झल्लाहट होती है...
लेकिन मेरा नाम तुम्हारे होंठों पर आया,
यही सोच मेरे अधरों पर मुस्कुराहट होती है...

तुम्हारी मोहब्बत का इंतज़ार रहेगा “अनिशा” को
कभी तो दूर होगा मेरे दिल का अंधेरा...
कभी तो आएगा वो सुंदर पल
जब मैं भी कह सकूँगी
“तुम पर हक़ है मेरा”

स्वरचित कविता
21/11/2025

20. तेरे क़रीब होने पर

तेरे क़रीब होने पर
रोम रोम में स्पंदन होता है...
स्पर्श करता है जब तू
मेरी रूह में कंपन होता है...

आँखें मेरी हया से बोझिल हो
स्वतः ही बंद हो जाती है...
उँगलियाँ फिसलती है जब तेरी
मेरी धड़कनें जैसे मंद हो जाती है...

प्रेम से छेड़ते हो जब तुम
मेरे शब्द जैसे गले में ही अटक जाते है...
तुम्हारी निगाहें पड़ती है जब मुझ पर
तेरे नज़रों की तपिश से मेरे विचार भटक जाते है...

फिर जब तुम प्यार से पुकारते
सपनों में खोयी इस "अनिशा" की आँखें खुल जाती है...
तुम हँसने लगते मेरी हालत पर
तुम्हारी मुस्कान से हवा में मोहब्बत घुल जाती है...

स्वरचित कविता
20/11/2025

21. पुरुष के बिना समाज व्यर्थ है

जो सबकी सुने पर खुद कम ही बोले
सुख सभी से बाँटे लेकिन अपने गम के राज़ ना खोले।
जो कर्तव्यपरायणता का प्रतीक है
चाहे कितने परेशान हो फिर भी कहते “हम ठीक है”।

इनका ग़ुस्सा सबको दिखता लेकिन प्यार के अहसास छुप जाते है
दर्द होंठों पर आकर ठहर जाता, इनके आँसू पलकों पर ही रुक जाते है।
इनकी ज़िंदगी बीत जाती अपनों के लिए ख़ुशियाँ कमाने में
फिर भी इनके अफ़साने अनकहे रह जाते ज़माने में।

ख़ामोश हो जाते जब इनके अपने इनसे रूठे हो
खुद को समेट लेते चाहे कितने ही बिखरे टूटे हो।
ये अपनों का सुरक्षा कवच मज़बूत ढाल है
ये वो पहरेदार जिनके रहते कभी इनके परिवार का बाँका ना होता बाल है।

“अनिशा” की कलम में भी इनके पूरे किरदार को लिखने की क्षमता नहीं
हर रिश्ते की मुस्कान इनसे, जगत में इनके अनसुने संघर्ष की कोई

समता नहीं।
अपने परिवार की ख्वाहिश पूरी करने का इनमें सामर्थ्य है
इनके कर्तव्य को नमन, पुरुष के बिना समाज व्यर्थ है।

स्वरचित कविता
19/11/2025

www.ingramcontent.com/pod-product-compliance
Lightning Source LLC
LaVergne TN
LVHW050822051026
849532LV00008B/3065
* 9 7 8 9 3 7 5 2 7 1 2 4 6 *